TARIF

DE LA SOLDE réglée aux Troupes de SA MAJESTÉ, tant Françoises qu'Étrangères, & de la Retenue à faire sur lesdites Troupes, à compter du 1.er Juillet 1781, pour les journées du traitement des Malades & Blessés, dans les Hôpitaux du Royaume.

DÉSIGNATION DES TROUPES.				SOLDE.	RETENUE
GARDES-FRANÇOISES.	Grenadiers	Sergent ordin.re	....	33f 4d	33f 4d
		Caporal......	....	} 12. //	} 11. //
		Caporal......	Aide fourrier...... / Magasinier........		
		Appointé.....	....	} 11. //	} 10. //
		Appointé.....	Aide-magasinier... / Chirurgien........		
		Tambour.....	....	12. //	} 9. //
		Grenadier....	....	10. //	
	Fusiliers	Sergent ordin.re	....	30. //	30. //
		Caporal......	....	} 11. //	} 10. //
		Caporal......	Porte-drapeau..... / Magasinier........ / Aide-Fourrier..... / Canonnier.........		
		Appointé.....	....	} 10. //	} 9. //
		Appointé.....	Aide-magasinier... / Chirurgien........ / Apprenti Canon.er.		
		Tambour.....	....	11. //	} 8. //
		Fusilier......	....	9. //	

DÉSIGNATION DES TROUPES.		EN CAMPAGNE.		SOLDE.		RETENUE	
		SOLDE.	RETENUE.				
GARDES-SUISSES. Grenadiers	Premier Sergent.	36. 8.	34f 2d	32.	//	30.	//
	Second Sergent..	32. //	29. 6.	27. 4.		25.	4.
	Fourrier.......	26. //	24. //	22.	//	20.	4.
	Caporal........	18. //	16. 8.	16.	//	15.	//
	Appointé......	16. //	14. 8.	14.	//	13.	//
	Grenadier...... / Tambour.......	12. //	11. 2.	10.	//	9.	6.

DÉSIGNATION DES TROUPES.	EN CAMPAGNE.		SOLDE.	RETENUE
	SOLDE.	RETENUE.		
Suite des GARDES-SUISSES.				
Fusiliers — Premier Sergent..	.. 35ᶫ ″ᵈ ..	.. 32ᶫ 6ᵈ ..	30ᶫ ″ᵈ	28ᶫ ″ᵈ
Second Sergent..	.. 28. ″ ..	.. 25. 6. ..	24. ″	22. ″
Autre Sergent...	.. 25. ″ ..	.. 23. ″ ..	22. ″	20. 4.
Fourrier	.. 22. ″ ..	.. 20. ″ ..	18. ″	16. 4.
Caporal	.. 16. ″ ..	.. 14. 8. ..	14. ″	13. ″
Appointé	.. 14. ″ ..	.. 12. 8. ..	12. ″	11. ″
Fusilier / Tambour	.. 10. ″ ..	.. 9. 2. ..	9. ″	8. 6.
SUISSES & GRISONS.				
ÉTAT-MAJOR. — Porte-drapeau...	.. 40. ″ ..	*Même retenue.*	33. 4.	*Même retenue.*
Tambour-major..	.. 40. ″ ..		33. 4.	
Garçon-chirurgien	.. 12. ″ ..		10. ″	
Prévôt	.. 12. ″ ..	.. 8. 6. ..	10. ″	6. 6.
Grenadiers — Fourrier	.. 24. ″ ..		20. ″	
Premier Sergent...	.. 20. ″ ..		18. ″	
Second Sergent..	.. 18. ″ ..		16. ″	
Caporal	.. 10. ″ .	*Même retenue.*	9. ″	*Idem.*
Appointé	.. 9. ″ ..		8. ″	
Grenadier / Tambour	.. 8. ″ ..		7. ″	
Fusiliers — Fourrier	.. 20. ″ ..		18. ″	
Premier Sergent..	.. 18. ″ ..		16. ″	
Second Sergent..	.. 15. ″ ..		14. ″	
Troisième Sergent	.. 14. ″ ..		12. ″	
Premier Caporal..	.. 9. ″ ..	*Idem*	8. ″	*Idem.*
Second Caporal..	.. 8. 6. ..		7. 6.	
Appointé	.. 8. ″ ..		7. ″	
Fusilier / Tambour / Instrument	.. 7. 6. ..		6. 6.	

3

DÉSIGNATION DES TROUPES.			SOLDE.		RETENUE.	
INFANTERIE FRANÇOISE.	Officiers des Compagnies.	Premier Lieutenant..	50ˡ	″ᵈ	Même Retenue.	
		Lieutenant en second.	44.	5.		
		Sous-lieutenant.....	40.	″		
		Cadet-gentilhomme..	12.	″		
	Grenadiers......	Sergent-major......	18.	″	16ˡ	8ᵈ
		Sergent en second.... Fourrier..........	15.	4.	14.	″
		Caporal........... Frater............	10.	4.	9.	8.
		Grenadier..........	7.	4.	6.	8.
		Tambour..........	9.	4.	6.	8.
		Instrument........	9.	4.	8.	8.
	Fusiliers........	Sergent-major......	17.	″	15.	8.
		Sergent en second.... Fourrier-écrivain....	13.	4.	12.	″
		Caporal..........	9.	4.	8.	8.
		Fusilier ou Chasseur..	6.	4.	5.	8.
		Tambour..........	8.	4.	5.	8.
		Instrument........	8.	4.	7.	8.
		Frater............	10.	4.	9.	8.
	État-major.....	Porte-drapeau......	40.	″	Même Retenue.	
		Adjudant........	20.	″		
		Aumônier.........	33.	4.		
		Tambour-major.....	15.	″	13.	8.
		Armurier.........	6.	4.	5.	8.
INFANTERIE ÉTRANGÈRE.	Grenadiers & Fusiliers.	Sergent-major......	20.	″	18.	8.
	État-major.....	Adjudant.........	28.	8.	28.	8.
		Tambour-major..... Prévôt..........	20.	″	18.	6.

La Solde & la Retenue de tous les autres Grades, sur le même pied que pour ceux de l'Infanterie françoise.

DÉSIGNATION DES TROUPES.	SOLDE.	RETENUE.
CORPS-ROYAL DE L'ARTILLERIE.		
Officiers des Compagnies.		*Même Retenue.*
Lieutenant en premier......	52ᶠ 9ᵈ	
Lieutenant en second......	44. 5.	
Lieutenant en troisième......	46. 8.	
Sergent-major......	30. ‖	28ᶠ 4ᵈ
Sergent ordinaire & Fourrier......	20. 10.	19. 2.
Caporal......	14. 8.	13. 8.
Appointé......	11. 8.	10. 8.
Artificier......	10. 8.	9. 8.
Canonniers, Bombardiers, & Sapeurs. Canonnier, Bombardier, Sapeur } 1.ʳᵉ Claſſe......	9. 8.	8. 8.
Canonnier, Bombardier, Sapeur } 2.ᵉ Claſſe......	7. 10.	6. 10.
Canonnier, Bombardier, Sapeur } 3.ᵉ Claſſe......	6. 10.	5. 10.
Apprenti......		
Tambour......	9. 8.	6. 8.
Mineurs. Sergent-major......	30. ‖	28. 4.
Sergent ordinaire......	20. 10.	19. 2.
Caporal......	14. 8.	13. 8.
Appointé......	11. 8.	10. 8.
Mineur......	10. 8.	9. 8.
Apprenti......	7. 10.	6. 10.
Tambour......	9. 8.	6. 8.
Ouvriers. Sergent-major......	36. 8.	35. ‖
Sergent ordinaire......	20. 10.	19. 2.
Caporal......	18. 2.	17. 2.
Appointé......	16. 2.	15. 2.
Ouvriers } 1.ʳᵉ Claſſe......	15. 2.	14. 2.
Ouvriers } 2.ᵉ Claſſe......	12. 2.	11. 2.
Apprenti......	10. 2.	9. 2.
Tambour......	9. 8.	6. 8.
État-major. Tambour-major......	22. 2.	20. 6.
Armurier......	6. 10.	5. 10.
Aumônier......	33. 4.	33. 4.

DÉSIGNATION DES TROUPES.		SOLDE.		RETENUE.	
	CAVALERIE.				
Officiers des Compagnies.	Premier Lieutenant....................	55ᶠ	6ᵈ	54ᶠ	6ˢ
	Lieutenant en second................	50.	//	*Même Retenue.*	
	Sous-lieutenant.....................	40.	//		
	Cadet-gentilhomme..................	15.	//		
Compagnies.....	Maréchal-des-logis en chef...........	20.	//	18.	8.
	Maréchal-des-logis en second.........	16.	//	14.	8.
	Fourrier-écrivain....................				
	Brigadier..........................	10.	4.	9.	//
	Cavalier...........................	7.	8.	6.	4.
	Maréchal-ferrant....................				
	Trompette.........................	12.	4.	11.	//
	Frater.............................	10.	4.	9.	//
État-major.....	Porte-étendard.....................	40.	//	*Même Retenue.*	
	Adjudant..........................	26.	8.		
	Aumônier..........................	33.	4.		
	Maître Maréchal & Sellier...........	16.	8.	15.	4.
	Armurier..........................	7.	8.	6.	4.
	CARABINIERS DE MONSIEUR.				
Compagnies.....	Sous-lieutenant.....................	50.	//	50.	//
	Maréchal-des-logis..................	16.	//	14.	8.
	Fourrier...........................				
	Brigadier..........................	9.	//	7.	8.
	Carabinier.........................	8.	//	6.	8.
	Trompette.........................	12.	//	10.	8.
État-major......	Porte-étendard.....................	35.	6.	*Même Retenue.*	
	Premier Adjudant...................	33.	4.		
	Second Adjudant...................	27.	9.		
	Aumônier..........................	33.	4.		
	Aide-chirurgien....................				
	Timbalier..........................	16.	//	14.	8.
	Armurier..........................	16.	8.	15.	4.
	Sellier.............................				

DÉSIGNATION DES TROUPES.	SOLDE.		RETENUE.	

D R A G O N S.

		SOLDE.		RETENUE.	
Compagnies	Maréchal-des-logis en chef...............	20ᶠ	″ᵈ	18ᶠ	8ᵈ
	Maréchal-des-logis en second............ }				
	Fourrier-écrivain...................	15.	″	13.	8.
	Brigadier....................... }				
	Trompette.......................	10.	4.	9.	″
	Frater......................... }				
	Dragon........................				
	Maréchal-ferrant.................	7.	2.	5.	10.
État-major	Porte-guidon....................	40.	″	} Même	
	Adjudant.......................	24.	″	Retenue.	
	Armurier.......................	7.	2.	5.	10.

La Solde & la Retenue de tous les autres Grades sur le même pied que pour ceux de la Cavalerie.

H U S S A R D S.

		SOLDE.		RETENUE.	
Compagnies	Lieutenant en premier................	61.	1.	54.	6.
	Brigadier....................... }				
	Frater.........................	10.	″	8.	8.
	Hussard........................ }				
	Maréchal-ferrant.................	7.	4.	6.	″
	Trompette.......................	12.	″	10.	8.
État-major	Armurier.......................	7.	4.	6.	″

Les autres Grades, comme pour la Cavalerie.

		SOLDE.		RETENUE.	
Maréchaussée	Sous-lieutenant..................	55.	6.	54	6.
	Maréchal-des-logis...............	33.	4.		
	Brigadier.......................	25.	″	} Moitié	
	Cavalier.......................	20.	4.	de	
	Trompette.......................	15.	″	leur Solde.	

DÉSIGNATION DES TROUPES.			SOLDE.		RETENUE	
TROUPES PROVINCIALES ET GRENADIERS-ROYAUX.	*Officiers*	Lieutenant	40ˡ	‖ᵈ	*Même Retenue.*	
		Sous-lieutenant	33.	4.		
	Grenadiers	Sergent	15.	4.	14.	‖
		Caporal	10.	4.	9.	4.
		Grenadier	7.	4.	6.	8.
		Tambour	9.	4.	6.	8.
	Fusiliers	Sergent	13.	4.	12.	‖
		Caporal	9.	4.	8.	8.
		Fusilier	6.	4.	5.	8.
		Tambour	8.	4.	5.	8.
	ÉTAT-MAJOR des régimens Prov.ᵃᵘˣ & Bat.ˡᵒⁿˢ de garnisons & Grenadiers-royaux.	Porte-drapeau	33.	4.	33.	4.
GARDES-CÔTES.	*Canonniers*	Lieutenant	40.	‖	*Même Retenue.*	
		Sergent	13.	4.		
		Caporal	9.	4.		
		Appointé	8.	4.		
		Canonnier	6.	4.		
		Tambour	8.	4.		
CORPS DE NASSAU-SIEGEN.	*Compagnies de Fusiliers.*	Pour tous les Grades.	*Comme l'Infanterie Françoise.*			
	Compagnie d'Artillerie.	Lieutenant en premier.				
		Lieutenant en second.				
		Sous-lieutenant.				
		Sergent-major	20.	10.	19.	6.
		Sergent				
		Sergent-artificier	14.	8.	13.	4.
		Fourrier				
		Caporal	11.	8.	11.	‖
		Caporal-artificier				
		Canonnier	6.	10.	6.	2.
		Tambour	8.	4.	5.	8.

DÉNOMINATION DES TROUPES.	SOLDE.		RETENUE.	
INVALIDES *détachés dans les Provinces.*				
Bas Officiers — Capitaine	58^r	11^d	54^r	6^d
Lieutenant	20.	7.	20.	7.
Sergent	12.	6.	12.	$\shortparallel$
Caporal	9.	6.	9.	$\shortparallel$
Appointé	8.	6.	8.	$\shortparallel$
Bas Officier	7.	6.	7.	$\shortparallel$
Tambour	7.	6.	7.	$\shortparallel$
Canonniers — Capitaine en second	50.	7.	*Même retenue.*	
Lieutenant	33.	11.		
Sergent	13.	$\shortparallel$	12.	6.
Caporal	10.	$\shortparallel$	9.	6.
Appointé	9.	$\shortparallel$	8.	6.
Canonniers — 1.re Classe	8.	$\shortparallel$	7.	6.
Canonniers — 2.e Classe	7.	6.	7.	$\shortparallel$
Canonniers — 3.e Classe	7.	$\shortparallel$	6.	6.
Tambour	8.	$\shortparallel$	7.	6.
Compagnies ordinaires — Capitaine	56.	9.	54.	6.
Lieutenant	20.	7.	20.	7.
Sergent	11.	2.	10.	6.
Caporal	8.	2.	7.	6.
Appointé	7.	2.	6.	6.
Fusilier				
Tambour	6.	2.	5.	6.
Surnuméraires — Bas Officier				
Canonnier	5.	6.	5.	$\shortparallel$
Fusilier	4.	6.	4.	$\shortparallel$

RETENUE *à faire aux* BAS OFFICIERS, SOLDATS, CAVALIERS, HUSSARDS *&* DRAGONS *des Troupes du Roi, &c. retirés dans les Provinces, avec pension, conformément au Règlement du* 17 *Juillet* 1776.

DÉSIGNATION DES TROUPES.	SOLDE.	RETENUE.
GRENADIERS.		
Fourrier	8ˡ 6ᵈ	
Sergent	8. //	
Caporal	6. 6.	
Appointé	6. //	
Grenadier	5. 6.	
Tambour	5. 6.	
FUSILIERS.		
Fourrier	8. //	
Sergent	7. 6.	
Caporal	6. //	
Appointé	5. 6.	
Fusilier	5. //	
Tambour-major	8. 10.	
Tambour ordinaire	5. //	
Premier Sergent des régimens Allemands, tant Grenadiers que Fusiliers	11. 10.	
GRENADIERS DE FRANCE.		
Fourrier	9. //	
Sergent	8. 6.	
Caporal	7. //	
Appointé	6. 6.	
Grenadier	6. //	
Tambour	6. //	
Tambour - major	10. 2.	

INFANTERIE FRANÇOISE, ALLEMANDE, IRLANDOISE, ITALIENNE ET CORSE, *y compris celle des* TROUPES-LÉGÈRES.

Moitié de la solde.

DÉSIGNATION DES TROUPES.	SOLDE.	RETENUE.
CANONNIERS, *BOMBARDIERS & SAPEURS.*		
Fourrier..........................	16ᶠ 9ᵈ	
Sergent............................	12. 2.	
Caporal............................	9. 5.	
Appointé..........................	7. 11.	
Artificier........................	7. 5.	
Canonnier.......... }		
Bombardier.......... } 1.ʳᵉ *Claſſe*.....	6. 11.	
Sapeur............. }		
Canonnier.......... }		
Bombardier.......... } 2.ᵉ *Claſſe*.....	5. 8.	
Sapeur............. }		
Apprenti..........................	5. 2.	
Tambour............................ }	6. 11.	
Muſicien........................... }		
M I N E U R S.		
Fourrier......................	17. 3.	
Sergent............................	12. 8.	
Caporal............................	9. 11.	
Appointé..........................	8. 5.	
Mineur............................	7. 11.	
Apprenti..........................	6. 2.	
Tambour...........................	7. 5.	
O U V R I E R S.		
Fourrier..........................	18. 9.	
Sergent............................	14. 2.	
Caporal............................	13. 2.	
Appointé..........................	12. 2.	
Ouvrier *de la première Claſſe*..............	11. 8.	
Ouvrier *de la ſeconde Claſſe*..............	10. 2.	
Apprenti..........................	9. 2.	
Tambour...........................	8. 8.	

CORPS-ROYAL DE L'ARTILLERIE.

Moitié de la ſolde.

DÉSIGNATION DES TROUPES.		SOLDE.	RETENUE.
CAVALERIE & HUSSARDS.	Fourrier..........................	9^r 2^d	
	Maréchal-des-logis................	8. 8.	
	Brigadier.........................	6. 2.	
	Carabinier........................	5. 11.	
	Cavalier..........................	} 5. 8.	
	Hussard...........................		
	Trompette.........................	8. 2.	
	Timbalier.........................	10. 2.	
CARABINIERS DE MONSIEUR.	Fourrier..........................	10. 8.	
	Maréchal-des-logis................	10. 2.	
	Brigadier.........................	6. 8.	
	Carabinier-appointé...............	6. 5.	Moitié de la Solde.
	Carabinier........................	6. 2.	
	Trompette.........................	8. 2.	
	Timbalier.........................	10. 2.	
DRAGONS, y compris ceux des TROUPES-LÉGÈRES.	Fourrier..........................	8. 5.	
	Maréchal-des-logis................	7. 11.	
	Brigadier.........................	5. 8.	
	Appointé..........................	5. 5.	
	Dragon............................	5. 2.	
	Tambour...........................	5. 2.	
	Tambour-major.....................	9. 5.	

RETENUE à faire aux HOMMES retirés avec la Demi-solde, conformément à l'article 28 de l'Ordonnance du Roi du 17 Avril 1772.

INVALIDES pensionnés.			
	Bas-Officier......................		} 6^r ^{d}
			5.
			4.
	Soldat............................		3.

*R*ETENUE *à faire à ceux qui font retirés avec la Penfion de récompenfe militaire, fixée par l'article* 10 *du Titre* VIII *de l'Ordonnance portant Règlement fur l'Adminiftration, du* 25 *Mars* 1776.

DÉSIGNATION DES TROUPES.		SOLDE.		RETENUE.	
INFANTERIE FRANÇOISE ET ÉTRANGÈRE.	Sergent – major	16ᶠ	8ᵈ		
	Sergent de Grenadiers	10.	*"*		
	Sergent de Fufiliers	9.	4.		
	Fourrier - écrivain	9.	4.		
	Caporal de Grenadiers	7.	*"*		
	Caporal de Fufiliers	6.	8.		
	Grenadier	5.	*"*		
	Fufilier, Chaffeur *ou* Tambour	4.	5.	*Moitié.*	
CAVALERIE, DRAGONS ET HUSSARDS.	Maréchal - des - logis en chef	16.	8.		
	Maréchal - des - logis ordinaire	11.	1.		
	Fourrier - écrivain	9.	4.		
	Brigadier	7.	*"*		
	Cavalier, Dragon, Huffard, Chaffeur & Trompette	5.	*"*		
GARDES DE LA CHAÎNE.	Sergent	12ᶠ	*"*ᵈ	11ᶠ	4ᵈ
	Caporal	9.	*"*	8.	4.
	Fufilier	8.	*"*	7.	4.

OBSERVATIONS.

1.° *C*E Tarif établit les retenues qui doivent fe faire dans tous les Hôpitaux militaires ou de Charité, internes ou externes, fur tous ceux qui y feront admis.

2.° Les retenues qui doivent fe faire conformément au Tarif, feront exercées tous les deux mois indiftinctement, pour les bas Officiers Soldats, Cavaliers, Dragons, Huffards, Chevaux - légers, Chaffeurs à cheval, Gardes-françoifes, Gardes-fuiffes & Invalides, en fervice dans les Compagnies détachées, lorfqu'ils auront été traités dans lefdits Hôpitaux, fur tous les Régimens ou Corps auxquels ils appartiendront.

Les feuilles de retenue qui s'expédieront en conféquence, feront conformes au modèle annexé au préfent Tarif, & les grades y devront être exactement défignés, comme dans les billets d'entrée.

Ces feuilles de retenue feront acquittées dans chaque place, par les Tréforiers de la guerre.

3.° La journée du 31 doit être portée en entier au compte du Roi, dans les états de dépenfe des Hôpitaux pour tous lefdits Soldats, Cavaliers, Dragons & Huffards, &c.

4.° Les jours de la fortie ou de la mort ne doivent point être comptés, attendu qu'il eft paffé dans les états de dépenfe, au compte du Roi, fix fous pour chaque Soldat forti en fanté, & quarante fous pour chaque enterrement.

Les fix fous de fortie ne feront point alloués lorfqu'il s'agira de l'évacuation d'un Hôpital fur un autre.

5.° La journée de tous les malades, autres que ceux dénommés dans le préfent Tarif, lefquels feront reçus & traités comme Soldats dans lefdits Hôpitaux, demeurera fixée à vingt fous dont il leur fera fait retenue, ainfi que des fix fous pour la fortie ou quarante fous pour l'enterrement. En fus de la fixation ci-deffus, il fera retenu dans les Hôpitaux militaires feulement, trois fous trois deniers pour raifon des Employés fervans, qui y font entretenus au compte du Roi.

6.° Les journées que pafferont dans les Hôpitaux les Soldats de recrue, avant que d'avoir joint leurs Régimens, ou que d'avoir été reçus aux Dépôts qui leur feroient affectés, doivent être en entier à la charge des Régimens, conformément aux fixations portées par l'article précédent.

7.° Les Soldats Pionniers pouvant être reçus dans les Hôpitaux militaires, les journées qu'ils y pafferont, doivent être à la charge de leurs Régimens, & ce, conformément aux fixations portées par l'article 5.

Les états de dépenfe qui les concerneront, doivent être dreffés féparément, & adreffés à l'Intendant de la Province où fe trouvera ledit Régiment, pour être par ledit Intendant, pourvu au payement de cette dépenfe ; & fera envoyé un double de ces états de dépenfe, au Secrétaire d'État de la Guerre.

8.° La journée des Officiers des Troupes de Cavalerie & d'Infanterie françoise & étrangère, des Cadets-Gentilshommes, des Gardes-du-corps, Chevaux-légers, Gendarmes de la garde, & de la Gendarmerie, & de tous ceux qui seront reçus & traités dans les Hôpitaux comme Officiers, demeurera fixée à quarante sous; en sus duquel prix il doit être retenu quatorze sous six deniers, pour tenir lieu de la dépense des Employés servans, entretenus par le Roi dans les Hôpitaux militaires : en conséquence le jour de leur entrée dans lesdits Hôpitaux, sera constaté par un billet qu'expédiera en leur nom le Commissaire des guerres, qui devra veiller à ce qu'il soit fait mention, dans les états de dépense, du temps que lesdits Officiers auront passé dans lesdits Hôpitaux.

Les retenues seront faites en conformité sur les Régimens ou Corps auxquels seront attachés lesdits Officiers, & devront comprendre les frais de sortie ou d'enterrement.

9.° Lorsque les appointemens attribués auxdits Officiers traités dans les Hôpitaux militaires, ne suffiront pas pour acquitter le prix fixé pour leurs journées, il ne leur sera retenu que le montant du traitement journalier dont ils jouiront, & le surplus sera porté au compte du Roi.

10.° Les Soldats réformés, se retirant à l'Hôtel royal des Invalides ou chez eux, doivent être pendant leur route, en cas de maladie, admis aux Hôpitaux sur le compte du Roi.

11.° Les Soldats réformés ne doivent pas être admis dans les Hôpitaux, six semaines après la date de leurs congés; mais s'ils y sont entrés avant ce terme, ils pourront y rester jusqu'à parfaite guérison; & dans ce cas, leur dépense est en entier au compte du Roi.

12.° Les bas Officiers & Soldats retirés chez eux avec pension, récompense militaire, solde ou demi-solde, doivent être reçus dans les Hôpitaux de charité seulement, comme habitans, en laissant néanmoins au profit desdits Hôpitaux, la portion de leur pension fixée par le tarif, qui sera payée aux Administrateurs sur la feuille de retenue qu'ils présenteront aux Commissaires des guerres, ou Subdélégués chargés des revues desdits bas Officiers & Soldats, & leurs journées ne pourront être comprises dans les états de dépense au compte du Roi.

13.° Les Invalides partant de l'Hôtel pour se rendre aux Compagnies détachées, ou sortant desdites Compagnies pour revenir à l'Hôtel, ne jouiffant d'aucune folde, doivent être reçus & traités au compte du Roi.

14.° En conféquence, lorfque des Soldats fe préfenteront pour entrer dans les Hôpitaux, les Commiffaires des guerres ou Subdé- légués, en leur abfence, doivent avoir la plus grande attention à fpécifier fur les billets d'entrée :

Si les Soldats font porteurs d'un congé limité :

S'ils marchent fur un congé abfolu, ou fur un certificat de convalefcent: ou fur une route de la Cour, ou fur un billet d'Hôpital.

Enfin, les titres en vertu defquels lefdits Soldats font abfens de leurs régimens, afin de mettre à portée ceux qui devront dreffer les feuilles de retenue ci-deffus mentionnées, d'y rapporter ces renfeignemens.

15.° Les journées que pafferont dans les Hôpitaux les Domef- tiques des Officiers des Troupes, lefquels y feront traités comme Soldats, doivent être portées en entier dans les feuilles de retenue, fur le compte de leurs Maîtres, conformément aux fixations portées par l'article 5.

16.° Les Employés des vivres & équipages d'Artillerie, & autres attachés aux différens fervices à la fuite des Troupes & des Armées, qui feront traités aux Hôpitaux fur le pied d'Officiers, payeront le prix de la journée de l'Officier, ainfi qu'il eft réglé par l'article 8.

17.° Les Boulangers & Charretiers des vivres & autres Employés de cette claffe, payeront le prix de la journée du Soldat, ainfi qu'il eft réglé par l'article 5.

18.° Les feuilles de retenue qui feront expédiées par lefdits Adminiftrateurs ou Entrepreneurs des Hôpitaux militaires, pour raifon des journées qu'y auront paffées lefdits Employés, feront exercées fur les Régiffeurs ou Entrepreneurs des fervices auxquels ils feront attachés.

19.° Il doit être formé des états particuliers pour les Canonniers de Marine, employés dans différens Ports, Ifles, Tours & Châteaux; pour les Matelots & autres attachés au même fervice de la Marine, ainfi que pour les Soldats des Troupes des Colonies, de la légion de Saint-Domingue, de la Martinique, des Indes, &c. qui feront traités dans les Hôpitaux, fur le pied du prix fixé dans lefdits Hôpitaux pour la journée de malade, ainfi qu'il eft réglé par l'article 5.

Ces états doivent être faits doubles, pour l'un être envoyé au Secrétaire d'État de la Marine, qui devra en faire acquitter la dépense sur les fonds affectés à ce Département, & l'autre adressé au Secrétaire d'État de la Guerre.

20.° Les Officiers des Troupes d'Infanterie & de Cavalerie françoise & étrangère, les Gardes - du - corps, Chevaux - légers, Gendarmes de la garde ordinaire du Roi, & Gendarmes de la Gendarmerie ; les Soldats de recrue, les Pionniers, les Domestiques d'Officiers ; les Employés supérieurs & inférieurs, attachés aux différens services, à la suite des Troupes & des Armées, ainsi que les Gens de mer, devant tous payer en sus du prix de la journée, un excédant, tel qu'il a été réglé, pour raison des Employés servans, entretenus dans les Hôpitaux militaires ; cet excédant, ainsi que celui qui pourra résulter de la différence du prix fixé pour ladite journée, doit être en conséquence perçu par les Administrateurs ou Entrepreneurs, & sera porté par eux en recette au profit du Roi, dans les états de journées des Troupes, en déduction de ce qui est à payer par le Roi.

FAIT à Marly le deux mai mil sept cent quatre - vingt - un.

Signé SÉGUR.

RÉGIMENT D

Nota. Il fera fait mention fur cette feuille de retenue, de la pièce dont le Soldat ou Recrue fera porteur, de la date & du nom de l'Officier ou bas Officier qui l'aura fignée.

FEUILLE de la retenue de la Solde, à faire fur la fubfiftance du Régiment d pour les journées des dudit Régiment qui ont été malades dans l'Hôpital militaire d pendant le mois d 178

NOMS des COMPAGNIES.	NOMS DE BAPTÊME, de Famille & de Guerre des Malades.	GRADES.	JOURS D'ENTRÉE.	DE SORTIE.	NOMBRE de JOURNÉES.	SOMMES.
		TOTAL.........				

NOMS des COMPAGNIES.	NOMS DE BAPTÉME, de Famille & de Guerre des Malades.	GRADES.	JOURS D'ENTRÉE.	DE SORTIE.	NOMBRE de JOURNÉES.	SOMMES.
	* RESTANS					

JE souffigné, Directeur de l'Hôpital militaire d   certifie la présente feuille de Retenue véritable, montant à la fomme de   pour les   journées des Malades y denommés.

FAIT à   le   du mois d   178

*V*U & certifié par le Contrôleur dudit Hôpital, le

*V*U par nous, Commiffaire des guerres,

FAIT à